AF247944

# LE FESTIN

## DE

# BALTHAZAR

## ÉTUDE POLITIQUE

### PAR

## Monsieur GABRIEL THOMAS

PARIS

SOCIÉTÉ ANONYME DE L'IMPRIMERIE KUGELMANN

(G. BALITOUT, DIRECTEUR)

12, rue de la Grange-Batelière, 12

MAI 1898

# LE FESTIN DE BALTHAZAR

# LE FESTIN

## DE

# BALTHAZAR

---

## ÉTUDE POLITIQUE

PAR

## Monsieur GABRIEL THOMAS

PARIS

SOCIÉTÉ ANONYME DE L'IMPRIMERIE KUGELMANN

(G. BALITOUT, DIRECTEUR)

12, rue de la Grange-Batelière, 12

---

MAI 1898

# AVANT-PROPOS

On se propose d'établir ou plutôt de rappeler ici un certain nombre de vérités politico-scientifiques et d'essayer d'en faire l'application aux choses actuelles.

Entreprise quelque peu téméraire, car nous n'ignorons pas que les théorèmes sociologiques comportent des hypothèses (1) complexes et se déduisent de lemmes multiples lorsqu'ils n'ont pas pour seule base ce procédé éminemment fragile de l'esprit humain qu'on nomme l'*induction*. Dans d'autres cas, ils s'appuient uniquement sur la probabilité qu'on sait être plus ou moins grande, mais dont la valeur en sociologie ne saurait être déterminée comme en mathématique. Pour ces diverses raisons, les propositions sociologiques ne peuvent avoir la rigueur des théorèmes de géométrie établis par la *déduction*.

Donc, complexité des hypothèses, multiplicité des facteurs, faiblesse inhérente et fatale du procédé de

---

(1) Le mot *hypothèse* est pris dans son sens logique, c'est la première partie d'un théorème dont la seconde est la *conclusion*.

raisonnement employé : telle est la cause du manque de rigueur de certaines propositions politico-scientifiques.

Il en est pourtant quelques-unes dont le degré de probabilité est tel qu'il équivaut pour l'esprit humain à la certitude, lorsque l'induction est basée sur des faits nombreux et que, parmi les causes multiples, il s'en trouve de si puissantes qu'elles effacent pour ainsi dire les causes secondaires. Le critérium de ces derniers théorèmes est le *consensus universorum;* il ne saurait y en avoir d'autres.

On s'est efforcé, dans les pages suivantes, de se borner aux vérités de ce genre.

Pour établir les applications de ces théorèmes, une fois admis comme vrais, on procède bien par déduction, ce qui est une garantie, mais les deux autres causes d'erreur persistent. On ne peut guère formuler des prévisions que lorsque la complexité des hypothèses n'est point trop grande, c'est-à-dire quand on se trouve en présence d'une situation nette et définie. Nous ne sortirons point de ce cas, ainsi qu'on le verra plus loin, dans la deuxième partie de cette étude.

Comment se tirer de l'inconvénient produit par la multiplicité des facteurs ? Il n'y a qu'un moyen, c'est d'être *bien informé.* Et souvent le lecteur n'a aucun critérium absolu des informations de l'auteur. Cette situation, il faut l'accepter, lire attentivement jusqu'au bout, fermer le livre, réfléchir et attendre la conviction,

« Il y a, dit Pasteur, dans les grandes vérités, une lumière propre qui éclaire tous les esprits. »

Mais on rencontre dans les essais d'application des théorèmes sociaux un autre écueil qui ne se présente presque jamais, ou du moins qui ne peut faire sombrer le raisonnement dans la recherche des propositions générales.

*Le subjectif fait partie de l'objectif.*

Lorsque j'ai constaté qu'un triangle est rectangle, j'affirme, en faisant l'application du théorème de Pythagore, que le carré de son grand côté est égal à la somme des carrés des deux autres. Ce n'est pas le triangle qui fait cette affirmation.

Au contraire, si après avoir énoncé la proposition sociologique universellement admise : « Toute nationalité est destinée à périr », j'essaie de faire l'application de ce principe à l'agrégation française, je me heurte à des difficultés quasi-inéluctables de compréhension et d'exposition.

L'ensemble de ces difficultés se nomme le « parti pris ».

Il est bien difficile d'éliminer complètement le parti pris. Plusieurs remèdes peuvent l'atténuer :

1º Les voyages ;

2º La connaissance des langues étrangères;

3º Les études historiques.

Enfin, il est deux causes qui diminuent ce défaut

chez les uns et qui l'augmentent chez d'autres : la maturité de l'âge et la pratique de la diplomatie.

Ce parti pris, si difficile à vaincre, peut devenir une
qualité dans certaines applications des théories sociologiques. Il en est, en effet, de deux sortes : les *applications de prévision*, pour lesquelles le parti pris est
un défaut, et les *applications d'action*. Ces dernières
constituent la *partie expérimentale* de la politique,
tandis que les autres représentent la *méthode d'observation*. Nous préférons le mot « application d'action »
au mot « expérience », car ici on ne peut pas opérer *in
anima vili*. Il y a bien peu d'essais en politique, et
presque tous sont faits avec l'arrière-pensée d'exécuter
quelque chose de définitif. « Le provisoire est en général ce qui dure le plus longtemps. » Et puis, nous
sommes loin d'être les maîtres d'arrêter les conséquences ; une expérience politique ne peut s'enrayer
comme le mouvement d'un mécanisme ou s'interrompre
comme une préparation de chimie.

Ce n'est pas ici le lieu de développer cette thèse,
nous voulons insister seulement sur ce point, c'est que
dans *l'observation* sociale le parti pris est un défaut,
tandis que dans *l'action* politique il peut devenir un
puissant auxiliaire.

# PREMIÈRE PARTIE

## Quelques théorèmes politiques et sociaux

Nous avons énoncé plus haut un premier théorème socio-logique : *Toute nationalité, toute agrégation politique quelconque est destinée à périr.*

Cette proposition que nous enseigne l'histoire est mainte-nant nettement établie en science sociale. Les phénomènes de l'évolution sont les mêmes qu'en biologie. De même qu'un animal naît, grandit, se reproduit et meurt, de même aussi une nation paraît au monde, se développe et disparaît après avoir engendré d'autres agrégations. Le parallèle subsiste même dans les douloureuses et sanglantes convul-sions de l'enfantement.

Nous savons que notre corps est destiné à la désagréga-tion finale, cela ne nous empêche point de chercher à retarder cette fatale terminaison; nous considérons même ce soin comme un devoir. De même aussi chaque nation doit faire tous ses efforts pour durer.

Dans l'état actuel des choses, une des conditions de durée pour l'individu, c'est la *struggle for life*, la lutte pour l'existence, la suppression brutale ou non des rivaux menaçants. Nos descendants verront peut-être des jours meilleurs, mais telle a été l'obligation de nos ancêtres préhistoriques. Aujourd'hui, la lutte individuelle n'est plus généralement sanglante, mais elle n'a fait que changer de forme. Et pas encore tout à fait ; l'ancienne forme persiste encore avec la guillotine et reparaît, de temps en temps, terrible avec les fusillades qui accompagnent la répression des émeutes (1).

L'évolution des agrégations politiques est moins avancée que celle des individus, elles en sont encore à la pleine période brutale du *struggle for life*, il serait puéril de se le dissimuler quand la voix du canon se fait entendre à l'heure où nous écrivons ces lignes.

Notre devoir de conservation personnelle nous a amené à créer trois arts particuliers :

L'art de garder la santé ;

L'art de guérir ;

L'art de tuer.

Pour établir leurs principes, il a fallu tout d'abord étudier les causes qui accélèrent la désagrégation du corps humain. Elles sont nombreuses, on le sait ; nous avons besoin, pour l'intelligence de ce qui va suivre, d'en citer une : la pléthore.

Reprenons maintenant notre parallèle évolutionniste. Pour notre durée, pour notre conservation sociale, en tant que nation, nous avons le devoir d'étudier les causes de destruction des Etats. Parmi ces causes, nous en trouvons une importante : la pléthore. Il serait banal de développer

---

(1) Et puis, la lutte sanglante pour l'existence a lieu toujours contre les animaux féroces ou nuisibles.

les exemples connus de tous, celui de l'empire d'Alexandre, celui de l'empire romain, etc.

Donc, théorème sociologique :

LA PLÉTHORE EST UNE CAUSE MORTELLE DE DÉSAGRÉGATION DES ETATS.

Nous aurons besoin de ce théorème et nous pouvons en trouver d'autres qui nous seront utiles pour le but que nous nous proposons.

Pourquoi le sauvage sur le sentier de la guerre couvre-t-il sa tête d'un haut panache de plumes ? Afin de paraître plus grand et par conséquent plus fort.

— Nous sommes dix mille, disait ce capitaine, dix mille, là-bas, dans ce repli de terrain, vous ne pourrez nous résister, donc, bas les armes !

A-t-elle assez souvent réussi cette ruse de guerre si simple et qui n'exige que l'audace dans le geste et l'assurance dans la voix !

Qu'importe après qu'ils fussent dix mille ou quelques-uns seulement, pourvu que les adversaires aient cru à cette force fictive !

Il en est de même entre les nations et nous sommes en droit, sans autres développements, d'inscrire ici un nouveau théorème :

LA SIMULATION DE LA FORCE CRÉE LA FORCE

Nous disons « crée la force », car la force simulée peut être considérée comme identique à la force réelle et produit les mêmes effets lorsqu'on agit sur l'esprit des hommes surpris, sans réflexion, timides et par ces raisons éminemment suggestibles. En outre, les adversaires sont souvent peu curieux de vérifier l'état réel de vos forces, car une tentative de vérification signifie bataille et défaite pour l'autre si vous avez dit vrai.

Cette simulation de la force, au moment de la guerre, n'a des inconvénients que lorsque les circonstances exigent la preuve tangible de l'existence de la force, circonstances on ne peut plus rares.

Il importe donc, pendant la paix, de bien étudier la force réelle de qui peut devenir ennemi, car la découverte de la simulation annule cette force fictive et tous les effets ultérieurs qu'elle eût pu produire.

Le théorème précédent nous amène à un corollaire curieux :

*La simulation de la force est aussi utile aux très forts qu'aux très faibles.*

On pourrait donner comme motif de cette proposition, au premier abord paradoxale, que l'ambition des très forts est ordinairement immense, presque infinie, dans tous les cas indéterminée, mais ce n'est pas là la véritable démonstration.

Le procédé de la simulation n'est pas un secret, il est connu de tous. Par conséquent, le très fort combat plus souvent contre des forces imaginaires que contre des forces réelles. N'ayant pu vérifier les forces qu'il doit vaincre, il est obligé d'exagérer les siennes. Il ne faut pas oublier que, malgré l'espionnage le mieux organisé, la vérification des forces réelles est très difficile, tant est grand pour chaque Etat le double intérêt du secret et de la simulation. De plus, pour ces forces-là, il n'est pas de dynamomètre expérimental, leur énorme complication ne permet de les mesurer que par l'épreuve, méthode sanglante qu'on évite souvent par une hardie simulation.

On vient de montrer que le parallèle évolutif constitue une méthode précieuse de découverte des théorèmes politiques ou sociologiques, mais il ne faudrait pas exagérer l'usage de ce remarquable procédé duquel Herbert Spencer a tiré de merveilleux résultats. On a du reste critiqué avec raison le trop de généralité qu'il a donné à la méthode en comparant par exemple le libre-échange aux fonctions inconscientes du grand sympathique.

Il est hors de doute que l'émigration partielle comme remède au trop plein des habitants peut être comparée à la saignée du corps affecté de replétion sanguine, mais on a compris que ce que nous avons appelé pléthore n'est pas le trop plein des habitants. *C'est l'étendue exagérée du territoire, c'est la colonisation à outrance.* Il en résulte complication de l'organisation centrale et amortissement des courants vitaux aux extrémités.

Il n'est pas possible de concevoir dans le corps d'un animal des centres auxiliaires conscients exerçant des fonctions absolument analogues à celles du centre principal. Les ganglions nerveux secondaires n'ont rien qui ressemble à des centres de ce genre. Mais, dans un grand Etat, il est possible, il est même utile de créer de tels centres en leur donnant le plus grand nombre possible de fonctions, et en ne laissant au centre principal qu'un pouvoir de surveillance sous l'influence strictement nécessaire pour constituer l'unité générale, représenter l'ensemble et veiller à la défense extérieure.

Ce remède, c'est la *décentralisation* qui donne la vie à tout le corps social en évitant souvent de douloureuses amputations. Cette proposition a été exprimée à peu près ainsi par lord Roseberry :

« Un immense état ne peut se maintenir que par la décentralisation. »

Ces vues générales établies, venons aux applications particulière qui forment la seconde partie de la première étude.

# DEUXIÈME PARTIE

---

## Mané, Thécel, Pharès

*Balthazar rex fecit grande convivium...*

*Biberunt vinun et laudabant deos suos aureos et argenteos, aureos, ferreos ligneosque et lapideos.*

*In eadem hora apparuerunt digiti, quasi manus hominis scribentis, contrà candelabrum in superficie parietis aulae regiae et Rex aspiciebat articulos manus scribentis. (Daniel, V.)*

« Le Roi Balthazar fit un grand festin...

« Les convives s'enivraient de vin et glorifiaient leurs
« dieux d'or, d'argent, d'airain, de fer, de bois et de
« pierre.

« A cette même heure apparurent des doigts, comme
« ceux d'une main d'homme qui écrit, près du candélabre,
« sur la paroi du mur de la salle royale, et le Roi voyait les
« mouvements de la main qui écrivait. »

Epouvanté, le Roi fit appeler Daniel et lui demanda l'explication des mots mystérieux tracés dans la muraille.

Ces mots étaient :

## MANÉ, THÉCEL, PHARES
### Compté, Pesé, Partagé

Voici ce que le prophète répondit :

Mané : *Numeravit Deus regnum tuum et complevit illud.*

Thécel : *Appensus es in statera et inventus est minus habens.*

Pharès : *Divisum est regnum tuum et datum est Medis et Persis.*

« *Mané :* Dieu a *compté* les jours de ton règne et il en
« a marqué la fin.
« *Thécel :* Tu as été *pesé* dans la balance et tu as été
« trouvé trop léger.
« *Pharès :* Ton royaume va être *partagé* et donné aux
« Mèdes et aux Perses. »

L'histoire est un perpétuel renouvellement, et le « Mané,
Thécel, Pharès » reparut plus tard dans la bouche de Caton
s'écriant dans le Sénat de Rome : « *Delenda est Carthago !* »
Une nationalité est un être vivant destiné à périr, avons-
nous dit dans la première partie de ce travail. Mais un être
vivant peut s'éteindre doucement par la vieillesse ou mourir
de maladie, et la maladie mortelle des Etats, c'est la pléthore.
D'après quels symptômes peut-on diagnostiquer ce mal?
Comment distinguer la pléthore d'une exubérante santé? A
quels signes reconnaître que les jours d'un grand Etat sont

*comptés* (MANÉ) et que ses possessions seront *partagées* (PHARÈS)?

La réponse est « THÉCEL » ; ce mot mystérieux est le résumé des propositions qui précèdent sur la simulation de la force. Le malade semble en bonne santé, mais il sent sa faiblesse réelle et, pour intimider ses adversaires, il est obligé de simuler plus que tout autre des forces qu'il n'a pas. Mais « PESEZ-*le dans la balance et vous le trouverez trop léger* ».

Enfin, lorsqu'une nation est rongée par le mal de la pléthore, elle cherche naturellement à se guérir. Eh bien, quand un homme cache sa maladie, est-ce que l'emploi visible du remède ne constitue pas un véritable symptôme pour un observateur perspicace?

Quel est en politique le remède à la pléthore?

La décentralisation.

Quelle est la nation que nous voyons actuellement s'efforcer d'appliquer ce remède?

C'est la nation même qui l'a découvert pour ainsi dire et qui le prône par la bouche de lord Roseberry. Elle l'applique même avec une grande habileté.

« Quelle différence, dit Ch. Malato, entre la vie robuste
« des colonies britanniques, aussitôt émancipées politique-
« ment que créées, rattachées à la métropole par un lien
« nominal qu'elles ne songent pas à couper parce qu'il ne
« les blesse point, et l'étique colonie française, dévorée par
« les sauterelles administratives, militarisée, disciplinée
« comme une geôle et ployant sous l'autocratisme de satra-
« pes grotesques ! »

L'*homme malade*, ce n'est pas la Turquie, c'est l'Angleterre, malgré sa puissance apparente.

Mais cet homme est malade parce qu'il a été trop gourmand ; il l'est encore trop, et son avidité constitue un danger permanent pour ses voisins de l'Europe. Il faut le rationner sans attendre davantage.

L'Angleterre a reculé les limites de l'audace. Servie par l'orgueil le plus ingénieux qui soit au monde et l'esprit le plus faux, elle a établi et fait croire le plus énorme des sophismes : la supériorité de l'homme anglais. Chaque peuple a son orgueil et ses prétentions, prétentions légitimes qui sont une des faces du patriotisme, mais les prétentions de l'Anglais à la supériorité sur le non Anglais sont colossales. « Qui s'accoutume à sa foi la croit », et un soldat anglais croit sincèrement, dans son orgueil sans mesure, qu'il vaut à lui seul dix soldats français, aberration monstrueuse que connaissent bien pourtant tous ceux qui ont étudié de près la vie mentale anglaise. Il est nécessaire de signaler cet incurable état d'esprit, car il a un étroit rapport avec toute la politique anglaise.

J'admire volontiers le caractère esthétique qni se dégage de ce colossal sophisme, mais j'en conçois aussi tout le danger, je le signale et je souhaite que ce cri d'alarme qui retentit après bien d'autres provoque quelque peu la vigilance de mes compatriotes.

Un de ces cris d'alarme nous arrivait encore l'an dernier du fond de l'Afrique. En présence des bruits qui circulaient sur les projets de l'Angleterre, le Comité de défense des intérêts français au Transvaal s'est réuni, le 23 avril 1897, sous la présidence de M. Tharel, et, après débat, a voté la résolution suivante :

« Considérant que la France a engagé plus d'un milliard
« et demi de capitaux dans les affaires du Transvaal ;
« Considérant que l'inqualifiable incursion de Jameson
« sur le territoire du Transvaal a déjà porté un coup funeste
« à ses intérêts et précipité un krach qui a coûté au moins
« sept cents millions de francs à la fortune de la France ;
« Considérant qu'un nouvel attentat à l'indépendance du
« Transvaal serait de nature à consommer la ruine des inté-
« rêts français dans cette République.

. . . . . . . . . . . . . . . . . . . . . .

« Le comité signale à l'opinion publique française les dan-
« gers de tout ordre qu'entraînerait une guerre de l'Angle-
« terre contre le Transvaal ; il demande au gouvernement
« de prendre dans cette éventualité les mesures matérielles
« d'urgence que comporte la situation. »

On voit que nous nous bornons aux choses récentes, car
il faudrait des volumes pour raconter même en abrégé la
série d'actes du même genre qui s'appelle l'histoire d'Angleterre. Mais, patience, la « fides punica » a été punie jadis
par le « delenda Carthago ».

Ce sans-gêne britannique est joint à une cynique duplicité. Nous nous garderons également de remonter bien haut
dans l'histoire. Ne parlons que des événements actuels, et
citons les brigandages hypocrites du Transvaal ainsi que
l'insidieuse occupation de l'Egypte. On nous saura peut-
être gré de rappeler les déclarations suivantes qui se passent
de commentaires :

« La politique du Gouvernement de Sa Majesté à l'égard
« de l'Egypte n'a d'autre but que la prospérité du pays et

« sa pleine jouissance de cette liberté qu'il a obtenue en
« vertu des firmans successifs du Sultan. »

(Dépêche de Lord Granville à Sir Edward Mallet,
le 4 novembre 1881.)

« Moi, amiral commandant la flotte britannique, je crois
« opportun de confirmer sans retard à Votre Altesse que le
« Gouvernement de la Grande-Bretagne n'a nullement l'in-
« tention de faire la conquête de l'Egypte. Il a pour unique
« objectif de protéger Votre Altesse et le peuple égyptien
« contre les rebelles. »

(Lettre de l'amiral Seymour à S. A. le Khédive
en date du 22 juillet 1882.)

« ..... Le Gouvernement de Sa Majesté a envoyé des
« troupes en Egypte dans le seul but de rétablir l'autorité
« du Khédive..... »

(Proclamation du général Wolseley du 19 août 1882.)

Et il y a quinze ans que ces solennelles déclarations ont
été écrites ! Les gouvernements européens font donc sem-
blant de les oublier. Quant aux Anglais, pour eux, *scripta
volant.*

Tous ces résultats sont obtenus par l'audace, l'opiniâtreté,
la duplicité et surtout, avons-nous dit, par la *simulation
de la force.*

Car la force anglaise n'est que simulée. Nous en avons
donné la preuve scientifique. Toute nation qui est obligée
d'avoir recours au remède de la décentralisation est atteinte
de pléthore. La pléthore signifie maladie et faiblesse.

Donc, l'Angleterre, forte en apparence, est faible en réalité.

Comment arrive-t-elle à simuler la force ?

Par l'or.

Par la presse.

Par le décor.

Par la diplomatie.

Il nous répugne de développer ici les deux premiers moyens qui, du reste, se tiennent entre eux. Ces choses ne peuvent être écrites ; elles se devinent ; les gens bien informés savent à quoi s'en tenir à ce sujet. Préciser davantage aurait pour résultat de soulever l'indignation et le dégoût.

Quant au décor, il est obtenu surtout par la flotte. *La flotte anglaise fait la foule,* qu'on nous passe cette expression de théâtre.

Il semble paradoxal d'affirmer que la force de la flotte anglaise est surtout fictive. Mais il n'y a que l'apparence du paradoxe :

La Grande-Bretagne doit toujours, d'après un principe admis à l'amirauté, posséder un nombre de vaisseaux au moins égal à celui de deux puissances européennes quelconques. Pour le moment, les rivales possibles sont la France et la Russie et, ces deux Etats augmentant leur flotte de guerre, il s'ensuit logiquement que l'Angleterre augmente la sienne dans les mêmes proportions, source de dépenses interminables et sans cesse croissantes qui, naturellement, pèsent de tout leur poids sur les producteurs. Mais le jour approche où, malgré ses ressources puissantes, elle aura peine à soutenir cette concurrence, surtout étant donné qu'elle ne peut songer à imposer des charges militaires et navales à ses grandes colonies, comme l'Australie et le

Canada, sans risquer de les voir immédiatement trancher leur lien, déjà presque nominal, avec la métropole.

La décentralisation est un remède à la pléthore, mais ce remède peut devenir poison, comme tous les remèdes.

Le grand souci de l'amirauté et des spécialistes est la Méditerranée, cette ancienne mer gréco-latine, transformée par la possession de Gibraltar, Malte, Chypre et Port-Saïd en un lac anglais que continue jusqu'à Aden cet autre lac, la mer Rouge.

C'est la mobile route des Indes, et le jour où elle serait coupée verrait le bouleversement du commerce et de l'industrie sur les bords de la Tamise, suivi d'une révolution politique sans doute, économique à coup sûr. Aussi, des écrivains autorisés, tels que le lieutenant-colonel Elsdale, n'ont-ils pas craint de proposer en cas de guerre l'évacuation immédiate de la Méditerranée par la flotte, sauf la fraction nécessaire pour défendre Malte ; le rappel des troupes d'Egypte et de Chypre ; et une forte occupation de Gibraltar et de Périm.

Or, l'abandon de la Méditerranée et l'évacuation de l'Egypte constitueraient *deux défaites* sans bataille dès le commencement des hostilités.

Enfin, les Anglais possèdent un remarquable corps diplomatique qui constitue à lui seul un merveilleux instrument de simulation de la force. Diplomates, ils le sont par tempérament. Ils le sont également par naissance, par hérédité, ce qui constitue pour les peuples à aristocratie une supériorité incontestable.

Au nombre des facteurs de la simulation pour l'Angleterre, nous n'avons pas mis les succès antérieurs sur les champs de bataille. Une étude approfondie de l'histoire montre que cet élément que la France possédait en 1870 n'existe pas en notable quantité pour la Grande-Bretagne. Grâce aux anciennes victoires, on croyait la France très forte à la fin du règne de Napoléon III. Hélas ! elle ne l'était pas du tout, tant il est vrai que la force réelle est difficile à vérifier. Une bonne diplomatie aurait pu nous sauver.

Mais, dira-t-on, la Grande-Bretagne, grâce à sa situation insulaire, est une forteresse naturelle.

D'accord, il ne faut pas se dissimuler les difficultés. Cependant : 1º une forteresse n'attaque pas, et puis le fossé est trop large pour des sorties ; 2º une forteresse ne se défend pas toute seule. Or, si nombreuse qu'elle soit, même en admettant le cas d'abandon de la Méditerranée et des colonies, la flotte anglaise est insuffisante pour la protection de l'île ; celle-ci est à la merci des efforts combinés des flottes de deux grandes puissances continentales, les autres observant la neutralité.

Il faut même toute la puissance inhibitoire d'une idée [L'absurdité d'une descente sur le territoire anglais] jointe à la faiblesse d'invention des politiques pour que les plans du camp de Boulogne n'aient pas encore été sortis de la poussière où ils reposent.

Du reste, les Anglais eux-mêmes ne réussissent pas, malgré leur orgueil, à cacher leurs inquiétudes ; ils se rappellent que les Hollandais ont déjà fait entendre le bruit du canon aux bourgeois de Londres et ont brûlé leurs bâtiments dans la Tamise ; ils se rappellent les cent trente navires de Philippe II, dispersés par la tempête et non vaincus ; ils savent bien qu'une nouvelle Armada, favorisée par les éléments, changerait la face du monde.

Ils se sentent tellement peu à l'abri d'un coup de main

qu'ils tremblent à l'idée seule d'un tunnel sous la Manche.

Ils savent aussi qu'une guerre avec l'Angleterre serait accueillie avec sympathie de toutes parts. Elle semble, au reste, nécessaire, parce que chaque Etat a quelque chose à se faire restituer par ces pirates. Enfin, ils comprennent que leur défaite serait regardée par l'humanité comme un immense service.

Comment s'y prendre pour opérer cette œuvre de justice et d'assainissement?

Naturellement par des alliances offensives.

Ces alliances, pour être fécondes, doivent être naturelles.

La marque d'une alliance naturelle, c'est le langage.

La langue latine a donné naissance à six langues qu'on appelle romanes ou néo-latines : le portugais, l'espagnol, le provençal, le français, l'italien et le roumain.

De ces six langues, trois sont parlées par trois nations importantes : l'Espagne, l'Italie, la France.

Quels sont les obstacles à la fédération latine, qui serait on ne peut plus naturelle?

1º La différence actuelle des formes gouvernementales ;

2º La faiblesse de l'Espagne ;

3º La froideur des relations franco-italiennes.

Or, grâce aux avances d'une grande puissance monarchique, de la puissance la plus monarchique de l'Europe, le *préjugé gouvernemental* vient de s'effacer. Il n'y a pas longtemps, c'est vrai ; mais c'est peut-être jusqu'ici le bénéfice le plus sérieux que nous ait apporté l'amitié de cette puissance.

La soi-disant faiblesse de l'Espagne n'est qu'un engourdissement momentané. Ce peuple chevaleresque possède une énergie potentielle ignorée et qui s'ignore.

Les événements actuels, quelle qu'en soit l'issue, montreront au monde et à l'Espagne elle-même tout ce dont elle est capable.

Ils ont dès maintenant ce résultat de faire éclater des sympathies latentes depuis un grand nombre d'années; et la guerre est à peine commencée ? L'énergie potentielle de ce pays sera transformée par l'alliance en énergie actuelle, qui sera multipliée grâce aux résultats de l'action en commun. En effet, la reprise de Gibraltar par l'Espagne aidée de la France équivaudrait à la conquête virtuelle du Maroc. Les Espagnols ne doivent pas oublier que nous avons eu aussi notre plaie gibraltarienne saignante au flanc : Calais.

L'Italie a aussi sa plaie, qui se nomme Malte. L'Angleterre a cherché à la lui faire oublier en lui communiquant, suivant l'expression de M<sup>me</sup> Adam, *la folie africaine*. Ce faisant, elle a joué notre jeu, car une autre puissance, en exploitant habilement la question romaine d'une part, et, d'autre part, en nous jetant sur la Tunisie, avait réussi à brouiller l'Italie avec nous. Or, la folie africaine a amené des désastres qui ont d'abord humilié le peuple italien, mais ont contribué sans nul doute à modifier ses sentiments à notre égard. Il faut veiller, car l'Italie cherche non seulement des compensations d'amour-propre, mais surtout à sortir d'une situation politique qui la gêne. Le problème serait résolu pour elle par la reprise de Malte et l'occupation de la régence de Tripolitaine.

L'Italie se rapproche actuellement de la France, cela est certain et préoccupe grandement les journaux anglais.

Voici, par exemple, un extrait du *Daily Graphic* (19 avril 1897) :

FRANCE AND ITALY

RUMOURED RAPPROCHEMENT

« Paris, saturday. — The *Gaulois* publishes an inter-
« view with M. Bazeille, member of the Chamber of
« Deputies, who had just returned from Italy. M. Bazeille,
« who had interviews vith the King, the Ministers, and
« many Italian statesmen, said the general impression
« which he had brought back with him was that the poli-
« tical world and the people of Italy were becoming tired
« of the alliance with Germany, and were showing them-
« selves favourable to a *rapprochement* towards France,
« etc., etc. »

Remarquons du reste en passant que l'Italie, dans son dernier traité italo-tunisien, a renoncé sans mauvaise grâce au bénéfice des capitulations.

Le groupement des puissances latines ne s'oppose en rien au maintien des bonnes relations avec une puissance amie dont le nom est sur toutes les lèvres, laquelle aurait tout intérêt à donner à notre œuvre de justice sinon la coopéra- tion effective, du moins son concours moral.

Quant à nos deux voisins, ils ont en face d'eux leur bien volé à récupérer, et derrière ce bien volé les deux terres promises naturelles qui constitueront leur Algérie. Car nous formons avec eux un massif géographique dont chaque portion a pour prolongement normal un bloc de la côte africaine. Personne ne peut nier que c'est là la plus grande et la plus simple des politiques.

Les trois nations dont il vient d'être parlé n'ont d'ailleurs aucun besoin d'agrandissement de territoire dans leurs régions frontières, les seules conquêtes qu'elles ont intérêt à faire sont hors d'Europe.

Naturellement, ces principes sont soigneusement dissimulés par les intéressés à ne pas les révéler. Ces intéressés, on les connaît, mais ce qu'on sait moins, c'est qu'une très haute personnalité qui devrait être d'un avis contraire fait chorus avec eux à la sourdine, poussée par des idées de mégalomanie.

La France, l'Italie et l'Espagne n'auraient intérêt à se déclarer mutuellement la guerre que dans l'espoir de tirer une forte rançon du vaincu, mais une pareille idée ne peut pas être l'objet de la politique d'un de ces trois gouvernements. Un Etat qui aurait de pareilles tendances se mettrait dans le même cas que l'Angleterre et serait fatalement voué, tôt ou tard, à la destruction. Avant 1830, il y avait dans l'ancien monde deux nations pirates; il n'en est plus qu'une aujourd'hui.

Les rapports des trois Etats latins sont en ce moment excellents et il est peu probable qu'on parvienne à les altérer. On pourrait même les améliorer et supprimer à jamais les conflits en créant des zones neutres ayant un rayon spécial et tendant à la pénétration des races. La patriarcale république d'Andorre en offre un heureux spécimen.

Après la lutte et le triomphe, le rôle OBLIGATOIRE de la Russie serait rémunéré par d'autres avantages sur lesquels nous n'avons pas à insister ici.

Bien loin que cette alliance latine soit une chimère, elle est est en train de se former d'elle-même par une lente et fatale évolution.

Est-il possible de l'accélérer et par quels moyens ?

Il serait désirable qu'un comité se formât, puissant et riche, pour mener une campagne de journaux, de conférences, et museler la presse à la solde de l'Angleterre.

Il faudrait surtout faire éclater des manifestations toutes pacifiques analogues aux fêtes inoubliables dont nous avons été dernièrement les témoins et les acteurs.

Enfin, il conviendrait d'arriver à obtenir des visites réciproque des chefs d'Etat. Cet espoir aurait semblé chiméri- il y a quelques années, mais l'exemple est depuis parti de si haut qu'on arriverait assez aisément à le faire imiter.

Tels sont les trois moyens de créer des relations amicales qui ne tarderaient pas à se transformer en une ligue puissante à laquelle on ferait peu à peu comprendre le but terrible et sacré qui doit être son objectif.

Il resterait à réaliser le projet dont nous croyons avoir démontré plus haut la facilité d'exécution.

Une guerre de cette nature, portée sur le territoire anglais, ne comporterait pas de grands combats, et pour cause. L'exécution serait prompte et fatale.

Pour la rendre définitive, il ne faudrait pas terminer par une conquête territoriale, mais assurer la prise de possession de points stratégiques pour une durée indéfinie.

On installerait sur le sol anglais de petits Gibraltars, ceux-là internationaux, c'est-à-dire gardés par les troupes exécutrices. La tranquillité de l'Europe serait ainsi garantie et la prépondérance politique de l'Angleterre à jamais annulée.

Veut-on, maintenant, une preuve que cette étude arrive à son heure et que l'Angleterre sent poindre sourdement partout les idées que nous exposons ici ?

Il vient de se former, à Londres, une Société qui a pour but de resserrer les liens QUI N'UNISSENT PLUS la France et l'Angleterre. Cela se conçoit. Depuis 1870, c'est-à-dire depuis nos désastres, époque à laquelle nos anciens alliés de Crimée, non seulement ne sont pas intervenus pour empêcher l'Allemagne de démembrer la France, mais ont même applaudi à la défaite qui, dans leur esprit, devait nous rendre impuissants pour un demi-siècle, la France s'est orientée autrement que ne l'espérait l'Angleterre.

La chute de la France leur assurait en effet la prépondérance sur les mers, la liberté de s'abattre partout comme des vautours et de se tailler partout la part du lion.

Mais la France s'est rapidement relevée, étonnant le monde par sa vitalité puissante; aujourd'hui ses blessures sont cicatrisées.

Le moment a donc semblé propice à nos voisins d'outre-Manche, en butte à l'animosité de l'Allemagne et de Russie, pour se rapprocher de nous, et c'est pour cela que le Comité dont il s'agit s'est fondé à Londres.

On pouvait croire qu'il ne se serait pas trouvé dans notre pays d'hommes capables de tenter, au mépris de tout patriotisme et de toute logique, de nous faire recommencer les fautes du passé.

C'était une erreur.

M. de Lanessan et M. Frédéric Passy, auxquels se sont joints quelques comparses dont les noms ne disent rien, ont tenu il y a quelques jours une réunion, en majorité composée d'Anglais, pour fonder à Paris un Comité répondant aux visées de celui de Londres. Et ils ont eu le triste courage de dire que les intérêts de la France sont liés à ceux de l'Angleterre, que nos efforts devaient tendre à reprendre la politique qui a eu son dénouement à Sedan.

Une *Correspondance* répandue de la presse départementale regrette à ce sujet « qu'il n'existe pas dans le « Code un article qui punisse les tentatives du genre de celle « dont MM. de Lanessan, Frédéric Passy et autres se ren- « dent coupables en ce moment. »

ET NUNC ERUDIMINI

# POST-SCRIPTUM

On ne peut se flatter en aucune façon d'influencer par ce travail l'esprit des dirigeants. — Le seul but que l'auteur se propose, c'est d'agir sur l'opinion, en exposant des principes clairs, rationnels, qui s'imposent au bon sens.

Agir sur l'opinion, c'est le seul moyen de briser les résistances occultes des personnnages dont l'intérêt manifeste est de maintenir une hostilité permanente entre les trois grands peuples latins.

Agir sur l'opinion, c'est tirer des ténèbres de l'inconscient les idées de justice qui y reposent engourdies.

C'est, vu la masse énorme des éléments de résistance, entêtement, accoutumance, idées reçues, le seul moyen de faire osciller cette masse.

Que les Français de bonne volonté joignent leurs efforts aux nôtres, et le lourd obstacle finira par être renversé.

Mai 1898.

7388. — Paris. Soc. a. de l'imp. Kugelmann (G. Balitout, directeur), 12, rue de la Grange-Batelière.